EN EL 

SEGU[illegible]

K. Carter
Español: Argentina Palacios

Rourke Publishing LLC
Vero Beach, Florida 32964

www.rourkepublishing.com

Catalogado en la Biblioteca del Congreso bajo:

Carter, Kyle, 1949--.
[In water. Spanish]
En al agua / Kyle Carter : versión en español de Argentina Palacios.
p. cm — (Seguridad)
Incluye índice.
ISBN 1-57103-083-2
1. Deportes acuáitcos—Medidas de seguridad—Literatura juvenil. [1. Deportes acuáticos—Medidas de seguridad. 2. Seguridad. 3. Materiales en español.]
I. Título II. Serie: Carter, Kyle, 1949—Seguridad. Español

GV770.6.C3718 1994
797'.028'9—dc20 94-19610

pbk 1-58952-265-6

Impreso en EE. UU. – Printed in the U.S.A.

ÍNDICE DE CONTENIDO

EN EL AGUA

Ninguna persona es pez ni marsopa, de modo que hay que tener mucho cuidado cuando se está en el agua o cerca de ella. Todos los años, unas 7,000 personas se ahogan en Estados Unidos y unas 1,000 en Canadá.

El conocimiento de las medidas de seguridad en el agua le puede salvar la vida a uno. ¡Lo primero es aprender a nadar! Muchos se ahogan por no saber hacerlo.

Un manantial proporciona gran diversión y ejercicio cuando uno sabe nadar

APRENDER A NADAR

Aprender a nadar a edad temprana puede servir de mucho. Puede evitar que uno se ahogue, así como también proporcionar una fuente de diversión y ejercicio durante muchos años.

En casi todas las comunidades existen lugares donde se puede aprender a nadar. En muchas escuelas, las YMCAs y los departamentos de recreación municipales se dan clases de natación.

Aprender a nadar es lo más importante cuando se trata de la seguridad en el agua

BEACH FLAGS
SAFE
CAUTION
DANGER
HAZARDOUS MARINE LIFE
GULF TEMP.

DÓNDE NADAR

Hay que elegir con cuidado los lugares para nadar. Los lugares más seguros son los que tienen salvavidas, es decir, personas capacitadas para rescatar a cualquier nadador que se encuentre en peligro.

Los lugares rocosos o con otros **obstáculos** en el agua no son seguros. El agua turbia tampoco es segura porque no se puede ver el fondo.

Siempre debes nadar por lo menos con una persona amiga y estar al tanto de dónde se encuentra él o ella en todo momento. Ésta es una precaución que te puede salvar la vida.

Los salvavidas están capacitados para ayudar a nadadores en dificultades

AGUA HONDA Y RÁPIDA

El agua puede ser menos calmada o menos llana de lo que parece. Los ríos y mares muchas veces tienen **corrientes** rápidas y fuertes que vencen hasta a los mejores nadadores. La persona puede descubrir la corriente sólo después de estar en el agua.

Las playas de mar a veces tienen una fuerte contracorriente, o **resaca,** una corriente que se lleva la arena de la playa y con ella, a los nadadores.

¡Si no estás familiarizado con una playa, no nades allí!

Esta agua se ve calmada y transparente pero puede resultar peligrosísima por ser honda y de mucho movimiento

Las grandes olas hacen de estas rocas un lugar peligroso

Se pueden explorar las pozas marinas, pero siempre hay que poner atención a las olas que se acercan y a las rocas resbaladizas

REGLAS DE SEGURIDAD EN EL AGUA

No nadar en aguas desconocidas es una regla de seguridad en el agua. Otra es no nadar cuando uno tiene frío, está cansado o tiene demasiado calor.

Si amenaza una tormenta eléctrica, hay que salir del agua y guarecerse bajo techo. Los rayos son sumamente peligrosos cerca del agua.

Si no sabes nadar, quédate en la parte llana, lejos de cualquier corriente de agua.

Cuando aparecen nubes oscuras, es hora de alejarse del agua y de la playa

SALVAMENTO

Los salvavidas están capacitados para hacer rescates en el agua en condiciones difíciles y tú no. Nunca debes intentar ayudar a una persona en peligro porque él o ella puede tener tanto pánico que te puede arrastrar hacia el fondo.

Sin embargo, hay otras maneras en que puedes ayudar a un nadador en peligro. Si está cerca, estírale un palo largo o una tabla para que se agarre. Al hacer esto te debes mantener más o menos agachado para que la persona que está en el agua no te lleve de un tirón.

En caso de un nadador más distante, puedes tirarle una soga, un chaleco salvavidas o cualquier otro objeto que flote.

Uno tal vez puede ayudar a un nadador en peligro con un palo largo

SEGURIDAD EN BOTES

Toda persona que navega en un bote abierto debería ponerse un chaleco salvavidas, especialmente si se trata de canoas y **cayucos.** Éstos a veces navegan por aguas rápidas y rocosas.

Las personas que no saben nadar no deben montarse en botes pequeños y si lo hacen, siempre deben llevar puestos los chalecos salvavidas, hasta en el muelle.

Si estás en un bote y no llevas el chaleco salvavidas, por lo menos debes saber dónde encontrarlo.

Un día tranquilo, pasear en cayuco con el salvavidas puesto es una manera de compartir el mar con un pelícano

CHALECOS SALVAVIDAS

Hay distintas clases de chalecos salvavidas, pero la mayoría se atan por la espalda y el pecho y dejan las manos libres.

La función del chaleco salvavidas es mantener a la persona a flote, aunque esté inconsciente, en posición vertical con la cabeza afuera del agua.

Siempre que estés en un bote debes llevar puesto un chaleco salvavidas o tenerlo cerca. Y si esquías en el agua, jamás se te olvide ponerte ese chaleco salvavidas.

Un chaleco salvavidas fácilmente mantiene a flote a un buceador

HIELO RALO

Los patinadores en hielo deben elegir sus pistas de patinaje al aire libre con muchísimo cuidado. Patinar en un río, lago, o charco congelado es seguro sólo cuando el hielo está bien compacto.

Nunca patines en hielo de menos de cuatro pulgadas de espesor. Si algún aviso dice que el hielo está ralo, ¡ni te acerques!

Si patinas al aire libre, hazlo siempre en pistas bien iluminadas en compañía de otros patinadores.

GLOSARIO

corriente — flujo constante de agua, que a veces es muy fuerte, en el mar o un río

cayuco — una especie de canoa que emplean los indígenas para pescar; el de los esquimales, cubierto casi por completo excepto por una pequeña abertura en el centro, se llama "kayak" y es popular para deporte

obstáculo — cualquier cosa que se interpone al paso

resaca o **contracorriente** — una corriente marina que arrastra arena, y con ella a los nadadores, de la playa al agua

ÍNDICE